AF339673

UN DÉCIME

SUR LES

TROIS PREMIÈRES CONTRIBUTIONS DIRECTES

POUR

FORTIFIER NOS FRONTIÈRES DÉCOUVERTES,

ACHEVER NOS CHEMINS VICINAUX

ET ÉQUILIBRER LE BUDGET.

———

SOLUTION PROPOSÉE PAR UN PAYSAN.

ANNECY

CHEZ TOUS LES LIBRAIRES

—

1874

UN DÉCIME

SUR

LES TROIS PREMIÈRES CONTRIBUTIONS DIRECTES

POUR FORTIFIER NOS FRONTIÈRES DÉCOUVERTES,

ACHEVER NOS CHEMINS VICINAUX ET ÉQUILIBRER LE BUDGET.

I

Situation actuelle des populations rurales vis-à-vis de l'impôt. Danger économique et politique de l'aggravation de leurs charges.

Je suis cultivateur de la Savoie, ni riche ni pauvre, un peu plus bourgeois que paysan ; unité moyenne de ce grand total qu'on appelle le peuple des campagnes. J'aime avec passion la France, mon pays ; j'ai cruellement souffert de ses douleurs ; j'ai déploré ses égarements ; mon plus beau rêve serait de lui être utile. Je n'entends rien à la politique militante ; les luttes et la stratégie des partis sont de l'hébreu pour moi ; néanmoins, je suis abonné à un petit journal paisible, lequel m'apprend, au jour le jour, à peu près tout ce qu'un bon citoyen a besoin de savoir sur les affaires publiques. Certaines fonctions électives m'obligent d'ailleurs à y prendre part un peu plus qu'il ne sied à mes goûts et à mes aptitudes. Cette circonstance m'a conduit à réfléchir souvent et profondément sur maintes graves questions économiques ; elle m'amène aujourd'hui (je m'en avoue le premier surpris) à publier le résultat de ces réflexions.

Que personne ne s'effraie de cette déclaration solennelle. Je ne suis pas de ces inventeurs de spécifiques infaillibles propres à tirer incontinent de l'ornière le char de l'État. Mes ambitions sont moins vastes. Le lecteur qui voudra m'accorder le crédit de vingt minutes d'attention s'en convaincra en lisant ce qui va suivre.

En se séparant, il y a deux mois, la Chambre a laissé un budget de recettes trop court de quarante millions.

Quarante millions sont un gros chiffre ; surtout quand toutes les matières imposables ont été déjà pressées et tordues de façon à ne pouvoir plus rien rendre, quand on a frappé à toutes les portes, quand, enfin, les hommes d'État sont contraints de confesser qu'il n'est désormais pas plus possible d'augmenter les recettes que de rogner les dépenses. Ce défaut d'équilibre mérite qu'on s'en inquiète ; à tout prix il doit être promptement redressé ; il y va de l'honneur et de la solidité de notre crédit, qui s'est vu naguère à de si rudes épreuves, et les a si glorieusement surmontées.

Tous les bons esprits, comme aussi les plus bizarres, se sont mis à la torture pour trouver le moyen de combler ce vide inquiétant ; nombre d'impôts, vieux ou neufs, ont été mis ou remis sur le tapis ; les uns injustes, comme celui du sel ; les autres grotesques, comme celui des chapeaux ; d'autres plus équitables ou plus sensés, mais simplement impraticables. A l'heure qu'il est, le gouffre béant des quarante millions n'est pas encore comblé.

De toutes ces propositions diverses, la plus viable, celle qui a les plus grandes chances d'adoption, parce qu'elle est la moins embrouillée et la plus immédiatement réalisable, est celle qui consisterait à ajouter un décime au principal des trois premières contributions directes (les patentes exceptées). Mais c'est aussi la plus grave de toutes, car il n'en est point qui intéresse davantage les populations rurales, c'est-à-dire l'immense majorité du pays.

Les trois premiers impôts directs ne rendent à l'État qu'une somme relativement peu élevée ; ils pèsent cependant si lourdement sur le peuple rural, qu'il paraît impossible de les élever davantage. Ce sont eux, en effet, qui supportent presque seuls le poids des centimes communaux et départementaux, et Dieu sait avec quelle fécondité ces centimes se multiplient ! D'un autre côté, depuis la funeste guerre de 1870, les nouveaux impôts indirects et l'aggravation des anciens ont accru démesurément les frais journaliers du cultivateur. Tout lui coûte plus cher : sa nourriture, son vêtement, son exploitation ; sa dépense a presque doublé. Et pourtant sa propriété ne rend pas davantage ; ses produits ne se vendent pas mieux. C'est la gêne pour quelques-uns, la ruine pour le plus grand nombre.

Et cette conséquence, rien, dans l'économie actuelle, ne peut l'atténuer ; nous sommes fatalement condamnés à la subir dans toute sa rigueur. L'État a besoin d'argent ; il faut qu'il aille le chercher où il est ; car l'État est tenu, n'importe à quel prix, de faire honneur à ses obligations ; nous devons lui donner ce dont il a besoin et lui ne peut rien nous en rendre. Le courant bienfaisant de richesses qui, dans un État prospère, ne va au Trésor, sous forme d'impôts, que pour en revenir sous forme d'améliorations publiques, ce courant est dévoyé. Le phénomène de circulation en est troublé, la santé du pays en souffre ; la campagne s'appauvrit ; le laboureur se décourage ; les exploitations rurales se négligent, et, faute de capitaux, languissent ; l'ouvrier agricole émigre dans les villes. Le résultat final, c'est la production générale diminuée, c'est la source des impôts indirects tarie, c'est le développement indéfini d'un déplorable problème dont la solution fatale est celle-ci : *Déficit croissant du budget de l'État.*

Je ne me complais point à peindre ce triste tableau dans le seul but de broyer du noir. J'ai fait voir la situation vraie, pour démontrer l'absolue nécessité d'une mesure énergique, extraordinaire ; d'une mesure sortant de la routine financière à laquelle nous nous sommes accoutumés. Cette mesure, chacun peut l'entendre à sa manière ; moi j'ai la mienne, et le cas est, ce me semble, trop sérieux pour qu'il ne me soit pas permis d'exposer ici ma façon de nous tirer d'affaire.

Je m'explique donc.

L'agriculture, en France, est encore au berceau ; elle s'y débat dans les obscurités de l'enfance ; la routine y règne en tyran ; bien osé est le paysan qui s'avise d'en vouloir secouer le joug. Nul progrès dans les méthodes ; nul perfectionnement dans l'outillage ; nul profit tiré des conquêtes de la science. On multiplie les concours régionaux, c'est fort bien ; on y enseigne au cultivateur, dans force discours très-savants, la philosophie de l'agriculture ; rien n'est plus louable ; mais le cultivateur qui n'a ni argent pour acheter des bœufs, ni chemins pour conduire au marché ses denrées, demeure insensible à cette éloquence. Le sol n'en reste pas moins infertile, rendant à peine la moitié de ce que, mieux cultivé, il pourrait rendre.

J'insiste sur ce point dont l'importance est sans égale : l'infériorité de notre agriculture tient surtout à l'état actuel de la voirie vicinale.

C'est, en effet, le grand principe de la prospérité de l'agriculture, comme de toute autre industrie, que les moyens de transports soient abondants et faciles. Nulle industrie n'est lucrative si elle ne peut aisément, et à peu de frais, importer les éléments qui lui manquent pour produire et exporter ce qu'elle a produit. Les produits de l'agriculture, ainsi que ses éléments de production, sont, par nature, lourds et encombrants ; l'état défectueux des chemins vicinaux double et quelquefois triple leur prix de revient. Le gros propriétaire s'en tire à force d'attelages ; mais le petit (et les petits propriétaires forment le plus grand nombre) qui n'a qu'une paire de vaches pour faire ses charrois, quel labeur n'est-ce pas pour lui de traîner ses fardeaux par des chemins rocailleux ou défoncés ?

De là une misère désespérante. Le mot n'est point exagéré ; j'en appelle à tous ceux qui ont vu de près le paysan et qui savent quel mince écart suffit pour ruiner son pauvre budget.

Misère intéressante au premier chef, car le peuple rural dont je parle est, qu'on ne l'oublie pas, la réserve de la grande armée de l'ordre contre les perturbateurs sociaux.

Cette considération est capitale ; aujourd'hui plus que jamais, il faut en tenir compte. Décourager de la propriété le petit propriétaire, c'est faire le jeu de l'ennemi ; c'est augmenter par milliers les partisans de la doctrine du nivellement social. Le mal est en germe dans nos campagnes, prenons garde qu'il ne s'y aggrave.

La difficulté, souvent même l'impossibilité de faire à peu de frais les transports de marchandises agricoles, frappe positivement de stérilité la petite agriculture. Faute de moyens de transports économiques, le cultivateur s'abandonne trop volontiers à cette pratique funeste qui consiste à tirer de son propre bien toutes les denrées qu'exigent son entretien et celui de sa famille, méconnaissant ainsi les premières lois de l'économie rurale qui veulent que chaque nature de sol soit affectée à l'espèce de culture à laquelle elle est favorable, sauf à rétablir par des échanges l'équilibre nécessaire à la subsistance de chacun.

Il n'est donc pas excessif d'affirmer que la question des voies de communication vicinales est une question vitale, non pas seulement pour la prospérité de l'agriculture, mais aussi pour la prospérité publique. Le développement et l'amélioration des chemins vicinaux, l'achèvement des routes départementales, l'épanouissement des chemins de fer d'intérêt local, sont en tout temps, mais aujourd'hui plus que jamais, la meilleure des politiques.

En effet, en créant ou en multipliant toutes ces voies, on transfigure l'agriculture, on double la production. Tout en réduisant les frais d'exploitation, on accroît le bien-être des populations rurales, et nul ne doit oublier que l'amélioration physique d'un peuple précède toujours son amélioration morale. L'attachement du paysan pour la terre, qu'il cultive avec profit, augmente, et, avec cet attachement, son intérêt à la conservation de la société, dont la protection lui assure la libre jouissance de son bien. Plus son sort s'améliorera, moins son esprit sera crédule aux rédempteurs des nouvelles couches sociales. Demandez-lui pour ce but des centimes additionnels, il ne vous les marchandera pas, car il sait qu'en lui prenant un écu vous lui en rendrez dix.

Cette situation inquiétante avait déjà préoccupé le précédent gouvernement. Dès 1868, il avait compris que le réseau des chemins vicinaux est le complément obligé des voies ferrées, des routes nationales et des routes départementales; que, sous peine d'introduire un défaut d'équilibre dans la circulation générale des personnes et des choses, ceux-là devaient s'épanouir proportionnellement au développement de celles-ci. La loi de 1868 fut le premier effort tenté en vue de maintenir cet équilibre. Elle mit, pour une période de dix ans, à la disposition des départements et des communes, une subvention annuelle et gratuite de dix millions. De plus, elle créa une caisse spéciale, qui devait prêter chaque année, et pendant dix ans, aux départements et aux communes, une somme de dix millions au 4 % avec amortissement en trente ans. Cette mesure était déjà bien insuffisante pour atteindre le but qu'on se proposait. La catastrophe de 1870 vint encore en paralyser les effets. Néanmoins, telle paraissait être l'importance de l'entreprise que, malgré les incroyables difficultés financières au milieu desquelles on se trouvait, une nouvelle loi maintint la subvention annuelle et gratuite, ainsi que la caisse spéciale, mais en réduisant toutefois de moitié et la subvention gratuite et les prêts au 4 %.

Telle est aujourd'hui la situation des ressources budgétaires affectées à la voirie vicinale. Cinq millions de subvention gratuite, subdivisés entre trente-huit mille communes, fournissent un quotient dérisoire et stérile. Il en est de même des sommes prêtées par la caisse des chemins vicinaux. C'est une moyenne de 131 fr. 55 c. par commune. Que faire avec cela? Quel chemin entreprendre et achever? Si nous l'entreprenions sans l'achever, obligés de l'interrompre, jusques à la subvention prochaine, les travaux se dégraderaient, l'assiette provisoire se défoncerait, les remblais s'ébouleraient, les talus se ravineraient; les ouvrages seraient presque en entier à recommencer l'année suivante. Le tiers, parfois la moitié de la dépense, seraient faits en pure perte. Et pourtant, dans la situation actuelle du budget, qui de nous oserait demander davantage? On me rappellera peut-être que les chemins vicinaux ont comme ressources ordinaires les prestations; mais, quiconque a fréquenté les campagnes sait à quoi se réduisent ces ressources. Elles ne produisent un effet utile qu'autant que la caisse vicinale de la commune contient assez de fonds pour pouvoir donner à entreprise le travail à faire; la prestation, dans ce cas, est cédée comme argent à l'entrepreneur. Mais comment recourir à ce moyen, quand la caisse vicinale ne contient que quelques centaines de francs comme ressources en argent? Et il n'est pas douteux que ce soit le cas du plus grand nombre des caisses vicinales.

L'emploi des prestations est donc fatalement voué au gaspillage. Gaspillage qui ne trouvera son remède que lorsque des subventions gouvernementales importantes permettront à toutes les communes de les utiliser comme il vient d'être dit plus haut. Dans l'état actuel des choses on ne saurait donc sérieusement faire entrer les prestations en ligne de compte dans le bilan des ressources de la vicinalité.

Ainsi nous pouvons tenir pour démontré :

Que l'agriculture est écrasée par les impôts qui pèsent sur elle plus que sur toute autre branche de la production ; que, dans son état actuel, elle est incapable de supporter des charges plus lourdes sans dépérir ; que le seul moyen de la ranimer et de lui rendre la force nécessaire pour fournir de nouveaux impôts, c'est de compléter la voirie vicinale ; que l'intérêt de la conservation sociale est attaché à cette régénération ; enfin que les ressources actuelles, tant dans leur fond que dans leur mode d'application, sont absolument insuffisantes.

II

Nécessité absolue et urgente de créer des ressources pour fortifier nos frontières.

Dans le budget de 1875 figure une dépense d'un caractère spécial que nos malheurs publics ont rendue indiscutable, j'oserais presque dire sacrée ; je veux parler des quarante millions, première annuité de la dépense de cinq cents millions (en nombre rond) prévue et jugée nécessaire pour la création d'une ceinture de fortifications destinée à protéger nos frontières du Nord et de l'Est contre une nouvelle invasion allemande. Pour avoir été un peu tardive, la mesure n'en est que plus urgente et plus nécessaire. Il n'y avait pas à se demander si les ressources budgétaires autorisaient cette dépense ; sa place était marquée avant les indispensables. Si je me permettais d'en critiquer le chiffre, ce serait pour demander pourquoi on n'a pas voté cent millions au lieu de quarante ; pourquoi on ne s'est pas décidé à terminer, en cinq ans au lieu de douze, cette œuvre patriotique, et non point pour lésiner sur le chiffre. Le premier devoir d'une nation c'est de vivre. Que servent les budgets à un pays sans cesse exposé à mourir ?

Les hommes d'État et les militaires ont jugé qu'il suffisait d'inscrire au budget une somme de quarante millions. Ils pensent donc que ce sera assez tôt d'être défendu dans douze ans contre l'invasion des Barbares, soit : les hommes d'État et les militaires en savent plus long que moi sur ce chapitre. Je tremble pourtant que d'ici à douze ans... Mais, encore une fois, je suis incompétent. Va donc pour quarante millions. Seulement, j'estime que cette dépense solennelle ne doit pas être mélangée avec les menus comptes du budget ordinaire ; sa place n'est point dans le même lieu que le budget des fêtes ou la subvention de l'Opéra. Ceci n'est pas une affaire de sentimentalité, c'est une affaire de dignité. C'est aussi une question de clarté, car il est nécessaire que le caractère particulier de cet impôt éclate à tous les yeux ; il faut qu'en affectant à cette opération un budget spécial, on montre clairement aux populations qu'il s'agit d'une contribution et d'une dépense temporaires, nécessitées par les monstrueux préparatifs militaires de la Prusse ; que c'est le remède préventif contre une destruction possible, une arme défensive pour les frais de laquelle toutes les bourses doivent s'ouvrir sans qu'on entende un murmure. Il faut que le dernier paysan comprenne qu'en versant au percepteur ce décime spécial, c'est la sécurité du pays qu'il achète ; il faut aussi qu'il sache que ce décime lui reviendra sous forme d'améliorations publiques qui lui seront directement utiles ; il importe surtout qu'il le suive des yeux et qu'il soit sans inquiétude sur son sort, ce qui n'arriverait pas assurément s'il le voyait tomber dans le gouffre dévorant du budget ordinaire.

Voilà pourquoi il faut un budget spécial et une caisse spéciale. Nous allons voir maintenant de quelle façon on peut affecter cette caisse aux deux opérations les plus essentielles de la guerre et de la paix, et y trouver l'expédient nécessaire pour équilibrer le budget en le soulageant des quarante millions demandés pour construire les fortifications.

III

**Combinaison financière pour équilibrer le budget tout en construisant
les fortifications et en achevant le réseau vicinal.**

C'est pour trouver ces quarante millions que je
propose de frapper d'un décime le principal des
trois premières contributions directes. Pourquoi
s'adresser à cet impôt plutôt qu'à un autre? D'a-
bord, parce que de l'avis des financiers, à moins
d'entrer dans les systèmes d'impôts sur le capital
ou sur le revenu, c'est aujourd'hui le seul possible; ensuite parce que cet impôt, si dur pour les
pauvres gens, j'entends le leur faire accepter sans
répugnance, non-seulement en leur ouvrant les
yeux sur sa destination patriotique, mais aussi
en leur montrant quel bienfait sera pour eux l'a-
mélioration que je me propose d'en tirer pour
leur voirie vicinale. De là la connexité que je
m'efforce d'établir entre les deux résultats qui dé-
couleront, je l'espère, de la combinaison financière que je propose.

Cette combinaison, je la résume dans les articles
suivants :

Article 1ᵉʳ. — Le principal *actuel* des trois
premières contributions directes sera élevé d'un
décime pendant quinze ans. Cet impôt temporaire
et exceptionnel sera isolé de tous les autres et
prendra le nom d'*impôt des fortifications et des
chemins vicinaux*. Son produit sera reçu et dis-
tribué par une caisse créée spécialement pour cette
destination.

Art. 2. — Cette caisse spéciale, fonctionnant
sous la surveillance du gouvernement, sera gérée

par l'administration de la *Caisse des Dépôts et Consignations* et portera le titre de *Caisse des Fortifications et des Chemins vicinaux.*

ART. 3. — Elle recevra chaque année, et pendant quinze ans, le produit du décime dont il est question plus haut, soit quarante millions annuellement. Elle recevra, en outre, pendant douze ans, les cinq millions que le gouvernement, en exécution de la loi de 1868, prête aujourd'hui aux départements et aux communes au taux de 4 %, avec amortissement en trente ans. La Caisse recevra donc, pendant douze ans, une somme annuelle de quarante-cinq millions.

ART. 4. — Les quarante-cinq millions, ainsi encaissés, recevront, chaque année, la destination suivante :

1° Vingt millions seront mis directement à la disposition du ministre de la guerre pour être employés à la construction des fortifications ;

2° Vingt-cinq millions seront prêtés aux départements et aux communes au taux de 4 %, avec amortissement en vingt-cinq ans. Dans le cas, peu probable, où les vingt-cinq millions ne seraient pas empruntés en entier, le surplus recevrait la même destination que les vingt millions livrés au ministre de la guerre.

ART. 5. — Les annuités des emprunts contractés par les départements, pour l'achèvement des chemins de grande et petite vicinalité, devront être payées au moyen des ressources déjà inscrites à leur budget pour la construction de cette classe de chemin.

Les annuités des emprunts contractés par les départements, pour l'achèvement des routes départementales, devront être payées au moyen des ressources budgétaires affectées chaque année à la construction de ces routes.

Quant aux annuités des emprunts contractés, pour concourir à subventionner un chemin de fer d'intérêt local, elles devront être payées au moyen de ressources extraordinaires et spéciales.

Art. 6. — Les annuités des emprunts contractés par les communes, pour achever leurs chemins vicinaux ordinaires et pour payer les terrains occupés sur leurs territoires par les chemins de grande et petite vicinalité, seront payées au moyen des ressources déjà inscrites à leur budget pour la vicinalité, c'est-à-dire que les communes seront autorisées à employer pour cet usage :

1° Le produit des cinq centimes inscrits en vertu de la loi du 21 mai 1836 ;

2° Le produit des trois centimes autorisés par la loi de 1868 ;

3° Le produit des prestations achetées en argent, en ne dépassant pas toutefois le quart du montant du rôle.

Les communes qui voudraient disposer d'une partie de leurs emprunts pour concourir à subventionner un chemin de fer d'intérêt local, devraient payer les annuités de cette partie de leur emprunt détournée de leur vicinalité au moyen de ressources étrangères à la Caisse vicinale.

Les communes, toutefois, qui ne paient pas de centimes additionnels pour insuffisance de revenus, pourront conserver intactes leurs ressources vicinales et payer leurs annuités au moyen de ressources extraordinaires et spéciales. Celles qui paient moins de trente centimes additionnels pourront payer la moitié de leurs annuités au moyen d'une imposition nouvelle et extraordinaire.

Art. 7. — Les vingt-cinq millions à prêter seront répartis entre les départements et les communes d'après des bases fixes (Voir l'*Appendice).*

Art. 8. — La *Caisse des Chemins vicinaux et des Fortifications* sera autorisée à emprunter chaque année, au taux de 5 % et par voie de souscription publique, une somme de vingt millions. Elle en paiera l'intérêt (un million) au moyen des annuités (un million) que ses prêts aux départements et aux communes lui rapporteront annuellement. Le produit des emprunts de la Caisse (vingt millions par an) sera mis à la disposition du ministre de la guerre qui recevra ainsi pour les fortifications, sur chaque exercice, une somme de quarante millions. Or, comme c'est là exactement le chiffre demandé, il n'y aura plus lieu de l'inscrire au budget qui, par ce fait, tombera en équilibre ; son déficit étant précisément de quarante millions.

Art. 9. — Quant au remboursement des emprunts contractés, la caisse procèdera par voie de tirage au sort ou de toute autre manière jugée plus convenable.

Art. 11. — Les percepteurs ne recevront aucune remise pour la perception du décime.

Art. 12. — La Caisse ne prêtera aux communes et aux départements que pendant douze ans. Elle n'empruntera et ne fournira des fonds pour les fortifications que pendant le même nombre d'années.

Art. 13. — A partir de la treizième année la Caisse ne devra s'occuper qu'à liquider. Elle amortira sa dette, et pour atteindre ce but elle disposera : 1° des annuités qu'elle aura à percevoir (douze millions); 2° du produit du décime (quarante millions) qui, étant établi pour quinze ans, lui arrivera encore pendant trois ans, après qu'elle aura cessé ses opérations relatives aux chemins vicinaux et aux fortifications.

Des articles précédents, il résulte ce qui suit :

1° La Caisse, ayant prêté chaque année et pendant douze ans vingt-cinq millions aux départements et aux communes, aura, à la fin de la douzième année, une créance de trois cents millions qui produira une rente annuelle de douze millions. Cette créance restera entière jusques à la vingt-cinquième année et produira la même rente jusques à cette date. De la vingt-cinquième à la trente-septième année, la créance diminuera tous les ans de vingt-cinq millions et la rente diminuera tous les ans d'un million. A la fin de la trente-septième année, les départements et les communes seront complètement libérés et la créance de la Caisse éteinte ;

2° La Caisse aura mis à la disposition du ministère de la guerre une somme totale de quatre cent quatre-vingts millions, puisque elle lui aura versé chaque année, et pendant douze ans, quarante millions ;

3° La Caisse, ayant emprunté chaque année et pendant douze ans une somme de vingt millions pour les fortifications, aura une dette de deux cent quarante millions exigeant un intérêt annuel de douze millions ;

4° Pendant les treizième, quatorzième et quinzième année, la Caisse devra servir un intérêt de douze millions, mais elle aura une recette de cinquante-deux millions, dont douze millions comme annuités de ses prêts aux départements et aux communes et quarante millions comme produit du décime créé pour quinze ans. De là une somme très-considérable à affecter à l'amortissement pendant ces trois exercices. En effet, si l'on se donne la peine d'en faire le calcul, on trouve qu'à la fin de la quinzième année la dette sera réduite à cent quatorze millions ;

5° De la quinzième à la vingt-cinquième année, la Caisse pourra affecter, chaque année, une somme considérable à l'amortissement de sa dette, puisque, ayant tous les ans une recette de douze millions, elle n'aura que cinq millions sept cent mille francs à payer comme intérêts. Si l'on s'applique à prolonger le calcul, on trouve que la Caisse aura des annuités à percevoir plusieurs années après que sa dette sera intégralement amortie.

Si l'on veut que la dette de la Caisse ne s'éteigne que la trente-septième année, époque où s'éteindra sa créance, on ne devra voter le décime que pour quatorze ans. Mais je crois qu'il serait plus sage de voter le décime pour seize ans, s'il en est besoin, et de permettre à la Caisse d'emprunter, dans les cinq premières années de son existence, les quatre cent quatre-vingts millions qu'elle doit verser pour les fortifications.

Si la proposition que je viens d'exposer était adoptée, l'Etat mettrait chaque année à la disposition des départements et des communes, pour concourir à l'achèvement des chemins vicinaux, une somme de trente millions formée d'abord des vingt-cinq millions prêtés au 4 %, avec amortissement en vingt-cinq ans, ensuite des cinq millions de subvention gratuite et annuelle accordés par la loi de 1868. Il serait à souhaiter que l'effet de cette loi fût prolongé de deux ans, pour que la subvention durât le même temps que la *Caisse des Chemins vicinaux et des Fortifications.* On voit, d'ailleurs, et c'est essentiel à remarquer, qu'aux termes de cette proposition, les emprunts à la Caisse n'entraîneraient aucune charge nouvelle pour le contribuable, puisque les annuités de ces emprunts seraient payées sur des ressources déjà inscrites au budget des communes et des départements, pour le service de la vicinalité. Les communes riches et peu chargées de centimes additionnels auraient seules le droit de payer leurs annuités au moyen de centimes nouveaux.

J'ai fini mon exposition. Elle est aride, j'en conviens, et d'aspect un peu morose ; mais ces choses-là, si elles n'ont pas le charme du roman, empruntent du moins aux circonstances un poignant intérêt. Jamais, que je sache, il n'a été plus à propos qu'aujourd'hui de parler de l'éloquence des chiffres.

En résumé, le problème dans sa terrible simplicité est celui-ci :

Le budget ne peut se fermer faute de quarante millions. Il faut donc augmenter les recettes ou réduire les dépenses.

Réduire les dépenses est déclaré utopique par les gens compétents. Croyons-en nos hommes d'Etat et n'insistons pas.

Augmenter les recettes ne peut se faire qu'en pressurant encore le petit contribuable déjà si meurtri, ou en donnant à l'impôt une assiette nouvelle. Devant ce fâcheux dilemme, les praticiens reculent.

Cependant il faut trouver quarante millions.

L'endroit où je conseille de les chercher n'est

pas inconnu, puisque c'est précisément ce décime que chacun regarde comme le seul moyen de salut, mais que personne n'ose proposer, tant il est impopulaire ; ce que j'apporte de nouveau, ce n'est pas la source, c'est la manière d'y puiser.

Je veux qu'on nous impose ce décime, et moi, paysan, qui ne suis point en situation de faire des largesses, même au percepteur, je le lui verserai avec joie, parce que, en donnant satisfaction à mon patriotisme, il servira en même temps à terminer mes chemins vicinaux, sans lesquels ma terre se ruine et me ruine.

Avec ce décime et sans que le contribuable subisse d'autre charge, les fortifications se construisent et le réseau vicinal s'achève ; le décime assure la prospérité du pays et défend cette prospérité contre l'insatiable convoitise allemande ; et cela sans autre moyen qu'une façon particulière d'aligner les chiffres, sans autre auxiliaire que l'étonnante souplesse et la merveilleuse fécondité du crédit.

Et maintenant une dernière ligne :

La Chambre va se rouvrir ; nos députés, rafraîchis par la séparation, vont se remettre aux affaires avec le calme et la sérénité qu'on rapporte des champs. Dès leur rentrée, ils vont se trouver face à face avec le spectre du déficit. De façon ou d'autre, ils devront en avoir raison.

C'est à eux que je dédie ce travail.

On a vu plus d'une fois la vérité se rencontrer dans la bouche ou sous la plume d'un simple.

Qui sait si ce n'est pas le cas aujourd'hui !

APPENDICE.

Pour ne pas écraser de détails spéciaux la démonstration déjà ardue de son idée, l'auteur en a détaché et rejeté ci-après certains détails techniques plus malaisés à digérer. Ceux des lecteurs de ce travail qui désireraient coopérer à la réalisation de son système trouveront, dans les quelques lignes qui vont suivre, les bases sur lesquelles devrait s'établir, entre les départements et les communes, la répartition des ressources créées par la combinaison proposée.

I. Les 25 millions que la *Caisse des Fortifications et des Chemins vicinaux* devra prêter annuellement seront répartis par le Ministre de l'Intérieur entre les départements, savoir :

Un tiers en raison directe de la dépense à effectuer dans le département ;

Un tiers en raison inverse de ses ressources ;

Un tiers en raison directe des sacrifices volontaires.

II. Sur la somme affectée à un département, une partie lui sera prêtée directement ; l'autre partie sera réservée pour être prêtée aux communes de ce département. Dans ce cas, la part du département sera la *moitié* de la somme totale, si son centime additionnel est inférieur à 20,000 francs ; *un quart* seulement, si son centime est supérieur à 20,000 francs. Le reste de la somme sera réservé aux communes.

III. Les sommes ainsi réservées pour être prêtées aux communes d'un département seront réparties entre elles, par le Conseil général, d'après les bases indiquées plus haut pour la première répartition.

IV. Si un département refusait tout ou partie de

l'allocation à lui faite, la somme refusée serait ajoutée à celle réservée à ses communes et répartie entre celles-ci. Dans le cas contraire, où la somme réservée pour les communes ne serait pas tout entière empruntée, ce qui resterait disponible serait attribué, selon le cas, la *moitié* ou le *quart* au département ; la *moitié* ou les *trois quarts* (voir l'article II) aux autres communes dont les demandes auraient été supérieures à leur première allocation. La répartition nouvelle se ferait toujours selon les mêmes bases.

Si, malgré cette seconde répartition dans chaque département, une partie des 25 millions n'était pas empruntée, ce qui resterait libre serait réparti de nouveau par le Ministre de l'Intérieur entre tous les départements dont les demandes d'emprunt auraient été supérieures à leur première allocation.

Enfin, si malgré tous ces soins une partie des 25 millions était refusée, cette partie serait affectée directement aux fortifications et diminuerait ainsi la somme de 20 millions que la Caisse devra emprunter chaque année pour cet usage.

V. Les sommes prêtées par la Caisse auront pour principale destination la construction et l'achèvement du réseau vicinal. Le département, où la grande et la moyenne vicinalités sont inachevées, empruntera pour les finir ; si cette classe de chemins est finie, il empruntera pour terminer ses routes départementales ; si ces dernières sont terminées, il pourra emprunter quand même et utiliser ses emprunts à subventionner un chemin de fer d'intérêt local.

Les communes, de leur côté, affecteront le produit de leurs emprunts à achever leur réseau vicinal ordinaire, en pouvant, toutefois, l'employer au paiement des terrains occupés sur leurs territoires par les chemins de grande et moyenne communication. Les communes, qui seraient très-intéressées à la construction d'un chemin de fer d'intérêt local, pourraient disposer de la *moitié* de la somme que la Caisse leur aurait prêtée, pour concourir à former la subvention qui serait nécessaire pour l'établissement de ce chemin de fer. Dans ce cas, bien entendu, les annuités des emprunts détournés de la vicinalité seraient payées au moyen de ressources spéciales et extraordinaires.

VI. Dans le compte de dépense dressé pour chaque département et chaque commune en vue d'asseoir la répartition, on comprendra : 1º les dépenses nécessaires pour achever les chemins de grande communication et d'intérêt commun *actuellement* classés ; 2º les mêmes dépenses pour l'achèvement des chemins vicinaux ordinaires aussi classés. Si les chemins de grande et moyenne vicinalité sont achevés, on tiendra compte de la dépense à faire pour finir les routes départementales, et si celles-ci sont terminées, on pourra inscrire les dépenses exigées pour la construction d'un chemin de fer d'intérêt local, en réduisant, dans ce cas, les dépenses à quinze mille francs le kilomètre. S'il s'agit d'un emprunt fait en vue des routes départementales, les annuités en seront payées par les ressources spéciales que le budget départemental affecte à cet usage. Si c'est d'un chemin de fer d'intérêt local qu'il est question, on recourra à une imposition extraordinaire. Les dépenses d'un chemin de fer ne pourront jamais être comprises parmi les dépenses à faire par une commune.

VII. Il serait rigoureusement interdit de comprendre dans le compte d'un département les dépenses de rectification ou d'embellissement sur les chemins de grande et moyenne vicinalité, construits depuis 1836. Il en serait de même pour les routes départementales.

Aucun emprunt ne serait accordé pour les dépenses d'entretien de la voirie vicinale et départementale.